Bildkarten zur Sprachförderung

Mit Illustrationen von
Anja Boretzki

Vergangenheit – Gegenwart – Zukunft

Verlag an der Ruhr

Impressum

Titel
Bildkarten zur Sprachförderung
Vergangenheit – Gegenwart – Zukunft

Illustrationen
Anja Boretzki

Verlag an der Ruhr
Mülheim an der Ruhr
www.verlagruhr.de

ISBN 978-3-8346-0715-7

Ein Wort an die Erwachsenen

Die Grenzen meiner Sprache
sind die Grenzen meiner Welt.
— Wittgenstein

Sprache als Tor zur Welt – sich verbal ausdrücken zu können, ist nicht nur eine Grundvoraussetzung für **bestmögliche Bildungschancen**; es eröffnet auch die Möglichkeit zur **Kommunikation** und **Verständigung** mit anderen Menschen. Fast immer ist Sprache zugleich das Medium des Lernens: In einer Sprache und mit einer Sprache lernen wir – sprechen, aber zugleich auch alles andere. Umso wichtiger ist es, dass Kindern **von Beginn an** die Voraussetzungen und Chancen für einen optimalen Spracherwerb geschaffen werden.
Mit diesen neuen Bildkartensets unterstützten Sie die Sprachentwicklung der Kinder auf **kindgerechte, motivierende** und **spielerische** Weise. Mit den verschiedenen Bildkartensets können

Sie ganz gezielt und individuell auf die jeweiligen Bedürfnisse der Kinder eingehen und **alle Sprachförderbereiche** trainieren. Dabei eignen sie sich sowohl für die Förderung von Kindern, die Deutsch als Zweitsprache erlernen, als auch für Kinder mit spezifischen sprachlichen Problemen. Und natürlich können alle Kinder an den Spielen teilnehmen, denn sie sind nicht nur Fördermaterial, sondern machen vor allem auch Spaß.

Die verschiedenen Einsatz- und Spielmöglichkeiten schulen die **sprachlichen Ausdrucksmöglichkeiten** sowie den **aktiven und passiven Wortschatz.** Zusätzlich kann die **visuelle und auditive Wahrnehmung trainiert werden.**

Warum sind Zeitformen wichtig?

Um sich zeitlich zu orientieren und dies mit der Sprache auszudrücken, brauchen wir Verben. Mit Verben können wir verschiedene Zeitformen bilden. So können wir **Ereignisse und Handlungen zeitlich ins Geschehen einordnen** und in ihrem chronologischen Ablauf schildern:
Was ist da passiert? Was passiert jetzt?
Was wird noch passieren?
Wenn wir jemandem **etwas erzählen** wollen, z.B. ein spannendes Erlebnis aus unserem Leben, ist es wichtig, dass wir die richtigen Zeitformen verwenden. Denn nur so kann sich der andere vorstellen, was wir zuerst **gemacht haben**, was danach kam, was dann passiert ist und warum **etwas jetzt so ist, wie es ist.**
Dann können wir dem anderen auch noch erzählen, **was wir als nächstes tun werden** oder was als nächstes passieren wird, und er wird unserer Erzählung gedanklich folgen können, weil wir sie mithilfe der richtigen Zeitformen

logisch und zusammenhängend schildern. Zeitformen helfen uns aber nicht nur dabei, chronologisch zu erzählen, sondern sie sind auch dazu da, **Zusammenhänge auszudrücken:** *Warum ist der Junge dort patschnass? – Weil es gerade eben noch geregnet hat. Was wird wohl gleich mit dem hohen Turm aus Bauklötzen passieren? – Der Turm wird vielleicht umfallen, weil er so wackelig hoch ist.*

Verben legen mit ihren Zeitformen also fest, wann was passiert ist und wie die Ereignisse logisch zusammenhängen. Mit den Bildkarten in diesem Set lernen die Kinder wichtige **Verben aus dem Grundwortschatz** kennen und üben, die **Verben in unterschiedlichen Zeitformen zu verwenden.** Die Motive sind dabei so ausgewählt, dass sie **kleine Handlungsabfolgen** abbilden. So können die Kinder verschiedene Kartenfolgen legen und kurze Episoden dazu nacherzählen. Oder sie nehmen eine Karte als Impuls und mutmaßen, was als nächstes passieren wird. Dabei verwenden sie die Verben in verschiedenen Zeitformen, bekommen ein **Bewusstsein für logische Zusammenhänge** und lernen, **verschiedene Zeitstufen** wie *davor* (Vorzeitigkeit), *danach* (Nachzeitigkeit) und *während* (Gleichzeitigkeit) zu unterscheiden.

Was kann ich mit den Bildkarten fördern?

Mit diesen lustigen und motivierenden Bildkartenmotiven erweitern die Kinder spielerisch, aber gezielt, ihre **sprachlichen Ausdrucksmöglichkeiten.** Sie benennen und beschreiben die Motive auf den Karten und entdecken Handlungs- oder Ereignisfolgen darauf, wenn sie die jeweiligen Karten in eine logische Reihenfolge legen. So erweitern die Kinder ihren **Verb-Wortschatz** und verinnerlichen zugleich auch, **wie Zeitformen in unserer Sprache gebildet werden und wie man sie richtig in unseren Satzbau integriert.**

Um alle Zeitstufen abzudecken, gibt es im Deutschen drei wichtige Zeitformen: das **Perfekt** für die **Vergangenheit**, das **Präsens** für die **Gegenwart** und das **Futur** für die **Zukunft**. Das Präsens lernen die Kinder im Spracherwerbsprozess zuerst. Später, wenn sie sich gedanklich nicht mehr nur in der Gegenwart befinden, kommen das Perfekt und Futur dazu.

Das Futur setzt sich immer aus einer Form von *werden* und dem Infinitiv zusammen, etwa *„Der Junge wird den Pudding essen"*.
Die Perfektbildung gestaltet sich für Kinder schon etwas komplexer. Man bildet es im

Deutschen in der Regel aus einer Form von *haben* und dem Verb im Partizip II, wie z.B. in *„Der Junge hat Pudding **gegessen**". „Das Mädchen hat sich ein Rieseneis **gekauft**".*

Das Partizip II bildet man dabei immer mit *ge-* am Anfang und auf *-en* bzw. *-t* am Ende. Als erwachsene Sprecher haben wir längst gelernt, wie die richtigen Vergangenheitsformen heißen. Kinder im Spracherwerbsprozess müssen sie aber erst noch verinnerlichen. Formulierungen wie *„Der Junge hat den Pudding geesst"* kommen daher nicht selten vor. Und natürlich heißt es auch *„Der Hund hat den Jungen gebissen"*, nicht *„Der Hund hat den Jungen gebeißt"*. Es heißt *„Das Mädchen hat die Schuhe angezogen"* und nicht *„Das Mädchen hat die Schuhe angezieht"*. Das heißt, manchmal wechselt in der Vergan-

genheitsform der Vokal, und das Verb verändert sich etwas im Klang. Auch diese Besonderheiten müssen Kinder erst lernen.
Manche Perfektformen bildet man auch aus einer Form von *sein* und Partizip II. Das ist vor allen Dingen bei Bewegungsverben und Vorgangsverben der Fall. So heißt es *„Das Mädchen ist Inline-Skates gefahren"* oder *„Das Mädchen ist hingefallen"* und nicht *„Das Mädchen hat Inline-Skates gefahren"* oder *„Das Mädchen hat hingefallen"*.

Neben den Zeitformen üben die Kinder aber auch die **Aussprache** bestimmter Wörter und verbessern ihr **Sprachverständnis**. Und sie schulen mit den Bildkarten natürlich auch ihre **visuelle Wahrnehmung** und **Konzentration**. Denn die Kinder müssen die Motive genau betrachten, um darin bestimmte Handlungsabfolgen zu erkennen und diese in einen logischen Zusammenhang zu bringen.
Jeweils drei Karten gehören zusammen.

Das eröffnet vielfältige **Spielmöglichkeiten** und **Erzählanlässe** für das Sprechen in verschiedenen Zeitformen.

Noch ein Hinweis:
Wenn die Kinder die Kartentrios zum Anlass nehmen, um kleine Episoden zu erzählen, sollten Sie nicht erzwingen, dass sie dabei unbedingt immer drei verschiedene Zeitformen verwenden. Eine Geschichte erzählt man häufig ohnehin nur in einer Zeitform, meist in der Vergangenheitsform.
Um hier aber dennoch die zeitliche Abfolge und unterschiedlichen Zeitstufen im Handlungsablauf deutlich zu machen, bedient man sich stattdessen so genannter Zeitadverbien wie *danach, davor, bald, heute* etc. Wenn die Kinder beim Erzählen nur eine Zeitform verwenden, ist das in Ordnung und entspricht nur dem natürlichen Sprachgebrauch.
Statt des Futurs verwendet man als Erzähler häufig auch Formulierungen wie *„Und dann*

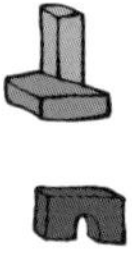

will der Junge einen Turm bauen". Auch solche Formulierungen sind in Ordnung, denn sie tragen durchaus schon einen Zukunftsaspekt in ihrer Bedeutung. Um die verschiedenen Zeitformen aber dennoch gezielt üben zu können, bieten die Spielvorschläge auf den nächsten Seiten ein paar Gelegenheiten.

Spielmöglichkeiten

Im Folgenden finden Sie einige Vorschläge, was Sie mit den Karten im Rahmen der Sprachförderung machen können. Die Spiele sind chronologisch nach Schwierigkeitsgrad aufgebaut. Zunächst geht es darum, den Wortschatz der Kinder zu erweitern und sie mit allen abgebildeten Begriffen und den unterschiedlichen

Zeitstufen und der Zeitformbildung vertraut zu machen. In weiteren Spielen bilden die Kinder selbst Sätze mit unterschiedlichen Zeitformen und rufen dazu die passenden Verbformen aus ihrem aktiven Wortschatz ab.

Ich sehe einen Jungen, der ...

Legen Sie zunächst nur die Gegenwartsmotive mit dem Motiv nach oben in einem Kreis aus. Jedes Kind hat eine Fliegenklatsche in der Hand. Nun beschreiben Sie eine Tätigkeit auf den Karten. Sagen Sie z.B. *„Ich sehe einen Jungen, der Schoko-Pudding isst"*. Wer die Karte als erstes gefunden und mit der Fliegenklatsche darauf geklatscht hat, darf sie behalten. Sieger ist der Spieler mit den meisten Karten.
Wenn die Kinder die Wörter in Präsensform schon gut kennen, fahren Sie für die anderen Zeitformen genauso fort. Legen Sie jeweils alle Vergangenheitskarten und schließlich auch alle

Futurkarten mit dem Motiv nach oben im Kreis aus, und beschreiben Sie die Tätigkeit auf den Karten in der Vergangenheitsform bzw. im Futur. Sagen sie z.B. *„Ich sehe ein Mädchen, das eine Blume gepflückt hat"* oder *„Ich sehe ein Mädchen, das sich ein Eis kaufen wird"*. Natürlich können Sie bei diesem Spiel auch alle Bildkarten im Kreis auslegen. Sieger ist dann der Spieler mit den meisten vollständigen Kartentrios.

Ziel: Mit diesem Spiel schulen Sie insbesondere das Sprachverständnis der Kinder, indem Sie erst einmal alle Verben in den verschiedenen Zeitformen einführen. So werden die Kinder nicht nur mit den Verbformen vertraut, sondern bekommen dabei auch ein Gefühl für die drei Zeitstufen *Vergangenheit, Gegenwart* und *Zukunft*. Wenn die Kinder die Wörter schon ganz gut kennen, kann auch eines der Kinder eine Karte beschreiben. Dabei rufen sie die Wörter aus ihrem aktiven Wortschatz ab und bilden eigenständig Verbformen in einem vollständigen Satz.

Was ist denn hier passiert?

Die Vergangenheitskarten liegen verdeckt im Kreis. Jedes Kind hat eine Fliegenklatsche in der Hand. Ein Kind darf nun eine Karte aufdecken, sodass alle Kinder sehen können, was auf der Karte abgebildet ist. Dann fragt das Kind in die Runde: „Was ist denn hier passiert?" Die anderen Kinder müssen nun raten, welche Tätigkeit gemeint ist. Wenn sie es wissen, klatschen sie mit der Fliegenklatsche auf die Karte. Der, der am schnellsten darauf geklatscht hat, darf die Antwort laut sagen. Wenn sie richtig ist, darf er die Karte behalten und als nächstes eine Karte ziehen. Sieger ist der Spieler mit den meisten Karten.

Tipp: Mit dem Motiv auf den Gegenwartskarten können die Kinder ihre Antwort kontrollieren.

Mit den Zukunftskarten kann man das Spiel in der gleichen Weise spielen. Hier muss man nur fragen: „Was wird hier gleich passieren?"

Ziel: Die Kinder festigen ihren aktiven Wortschatz, schulen ihre visuelle Wahrnehmung und Konzentrationsfähigkeit.

Variante: Man kann den Schwierigkeitsgrad bei diesem Spiel noch etwas erhöhen, indem man es nicht mit Fliegenklatschen, sondern mit „Kontrollkarten" spielt. Als „Kontrollkarten" verteilen Sie die Gegenwartskarten an die Kinder, sodass alle Kinder gleich viele Gegenwartskarten haben. Die Vergangenheitskarten und Futurkarten liegen verdeckt und unsortiert auf einem Stapel in der Mitte. Decken Sie immer eine Karte von dem Stapel auf. Haben Sie eine Futurkarte aufgedeckt, fragen Sie die Kinder: „Was wird hier gleich passieren?" Haben Sie eine Vergangenheitskarte aufgedeckt, fragen Sie: „Was ist denn hier passiert?"

Zu jeder Karte gibt es eine Antwort, entweder mit der Zukunftsform oder mit der Vergangenheitsform. Das Kind, das die zugehörige Karte aus dem Trio hat, muss die Antwort in der richtigen Zeitform sagen und seine Aussage mit der „Kontrollkarte" belegen, indem es diese den anderen Kindern zeigt. Wenn die Antwort richtig ist, darf es die Karte behalten, ansonsten kommt sie wieder in den Stapel zurück. Das Kind, das als erster seine Kartentrios vollständig hat, hat gewonnen.

Hinweis: Natürlich können Sie erst einmal auch nur mit einem Vergangenheits- oder Futurstapel spielen, bevor Sie einen gemischten Stapel machen.

Stimmt oder stimmt nicht?

Die Kinder sitzen im Kreis und haben eine Fliegenklatsche in der Hand. Nehmen Sie die Vergangenheits- und Zukunftskarten in einem ungeordneten Stapel in die Hand, und legen Sie nacheinander die Karten aufgedeckt in den Kreis. Bei jeder Karte, die Sie aufdecken, beschreiben Sie kurz das jeweilige Motiv in der richtigen Zeitform, z.B. *„Es wird regnen"* oder *„Das Mädchen ist hingefallen"*.
Irgendwann bauen Sie einen Fehler ein. Sagen Sie z.B. zur Bildkarte Nr. 3 (Der Junge hat Schokopudding gegessen): *„Der Junge wird Schokopudding essen."* Zur Bildkarte Nr. 4 (Das Mädchen wird sich ein Eis kaufen) könnten Sie sagen: *„Das Mädchen hat sich ein Eis ge-*

kauft." Die Kinder müssen jetzt schnell reagieren und mit der Fliegenklatsche auf die falsch beschriebene Karte klatschen. Das Kind, das zuerst geklatscht hat, darf nun die richtige Beschreibung in einem vollständigen Satz sagen.

Ziel: Die Kinder festigen ihren passiven und aktiven Wortschatz und schulen ihre visuelle Wahrnehmung und Konzentrationsfähigkeit. Indem sie die Karten beschreiben und gedanklich in einen Handlungsablauf einordnen, bekommen sie ein Gefühl für die unterschiedlichen Zeitstufen und üben, die passenden Zeitformen in einem vollständigen Satz zu verwenden.

Bildkarten-Geschichten

Legen Sie immer ein Kartentrio aufgedeckt nebeneinander in den Kreis. Auf den Karten lassen sich Hinweise sowie kleine, aber wesentliche Details entdecken, die bestimmt für Gesprächsstoff sorgen und die Handlung in einen logischen Zusammenhang bringen. Bitten Sie nach der Reihe immer ein Kind, eine kleine Geschichte zu dem jeweiligen Kartentrio in der Kreismitte zu erzählen. Fragen Sie die Kinder nach jeder Geschichte auch, wie es weitergehen könnte. Ein paar Gesprächsanlässe, die durch die Karten angestoßen werden, finden Sie ab S. 22 zu jedem Kartentrio. Sie können den Kindern damit ein paar Denkanstöße geben, wenn ihnen keine Geschichte einfällt. Greifen Sie aber immer auch die Ideen der Kinder auf, und stellen Sie ggf. gezielte Nachfragen dazu.

Ziel: Dieses Spiel fördert die Fantasie der Kinder. Zudem trainieren sie beim Geschichten-

Erzählen ihren aktiven Wortschatz und bilden vollständige, grammatisch richtige Sätze in verschiedenen Zeitformen.

Variante:
Sie können dieses Spiel auch in ein Memory® einbinden. Hier liegen zunächst alle Karten verdeckt im Kreis, und die Kinder müssen nach dem Memory®-Prinzip zunächst einmal Trios finden. Haben sie eines gefunden, legen sie die Karten in die richtige Reihenfolge und erzählen anschließend ihre Bildkarten-Geschichte dazu. So üben sie nicht nur, die richtigen Zeitformen zu verwenden, sondern bekommen auch ein Gefühl für die unterschiedlichen Zeitstufen in Handlungs- und Ereignisfolgen.

Noch ein Tipp:
Die Nummerierung der Bildkarten finden Sie „versteckt" im Muster auf der Bildkartenrückseite.

Hinweise und Gesprächsanlässe zu den einzelnen Karten

Bild 1: Der Junge wird Pudding essen. Was denkt der Junge hier? Was wird passieren? Wie wird er an den Pudding herankommen?

Bild 2: Der Junge isst Pudding. Wo kommt die Bauklötze-Kiste her?

Bild 3: Der Junge hat Pudding gegessen. Was hat der Junge vergessen? Was wird wohl als nächstes passieren?

Zeitformen bilden mit weiteren Verben:
naschen, kosten, probieren, klauen, löffeln

Bild 4: Das Mädchen wird ein Eis kaufen.
Was denkt das Mädchen hier?
Was wird es wohl tun?

Bild 5: Das Mädchen kauft ein Eis.
Schaut euch das Eis an?
Fällt euch etwas auf? Wie viele Kugeln zählt ihr auf dem Eis?
Welche Eissorten könnten das sein?

Bild 6: Das Mädchen hat ein Eis gekauft.
Wie könnte die Geschichte mit dem Rieseneis weitergehen?

Zeitformen bilden mit weiteren Verben:
bezahlen, bestellen, essen

Bild 7: Das Mädchen wird den Jungen küssen.
Was wird das Mädchen hier tun? Was denkt der Junge?

Bild 8: Das Mädchen küsst den Jungen.

Bild 9: Das Mädchen hat den Jungen geküsst.
Was denkt der Junge jetzt?
Was könnte als nächstes passieren?

Zeitformen bilden mit weiteren Verben:
geben, umarmen

Bild 10: Der Hund wird den Jungen beißen.
Was wird hier passieren? Wie verhält sich der Hund? Was denkt der Junge?

Bild 11: Der Hund beißt den Jungen.
Warum beißt der Hund den Jungen ins Bein? Was denkt die Katze?

Bild 12: Der Hund hat den Jungen gebissen.
Mag der Hund etwa Jeansstofffetzen? Warum lächelt die Katze? Was könnte als nächstes passieren?

Bild 13: Das Mädchen wird die Stöckelschuhe anziehen. Das Mädchen steht vor Mamas Kleiderschrank. Was wird es wohl tun?

Bild 14: Das Mädchen zieht die Stöckelschuhe an. Warum muss sich das Mädchen so anstrengen und konzentrieren?

Bild 15: Das Mädchen hat die Stöckelschuhe angezogen. Es klingelt plötzlich an der Tür ... Wie könnte die Geschichte jetzt weitergehen?

Zeitformen bilden mit weiteren Verben:
hineinschlüpfen, anprobieren, verkleiden

Bild 16: Das Mädchen wird die Rose pflücken.
Das Mädchen steht an Nachbars Gartenzaun und sieht eine große Rose. Was wird wohl passieren?

Bild 17: Das Mädchen pflückt die Rose.
Das Mädchen pflückt die Rose, um sie seiner Mama zu schenken. Wie findet ihr das?

Bild 18: Das Mädchen hat die Rose gepflückt.
Der Nachbar sieht die abgepflückte Rose. Was denkt er? Warum ärgert er sich?

Zeitformen bilden mit weiteren Verben:
klauen, abreißen, abbrechen, umknicken, ärgern

Bild 19: Der Junge wird einen Turm bauen.
Was wird der Junge wohl mit den Bauklötzen machen?

Bild 20: Der Junge baut einen Turm.
Wie viele Bauklötze hat der Junge schon aufgetürmt?

Bild 21: Der Junge hat einen Turm gebaut.
Wie viele Bauklötze hat der fertige Turm? Was wird wohl mit dem Turm passieren, wenn der Junge nicht aufpasst?

Zeitformen bilden mit weiteren Verben:
stapeln, aufbauen, auftürmen, umkippen

Bild 22: Das Mädchen wird hinfallen.
Das Mädchen schaut nach oben zu dem Vogel. Was wird hier wohl gleich passieren?

Bild 23: Das Mädchen fällt hin.
Warum fällt das Mädchen hin?

Bild 24: Das Mädchen ist hingefallen.
Was ist passiert? Was denkt das Mädchen hier? Was macht der Vogel da? Wie geht es weiter?

Zeitformen bilden mit weiteren Verben:
fallen, stolpern, stürzen, sich verletzen, verarzten

Bild 25: Es wird regnen.
Der Junge schaut in den Himmel. Was sieht er dort? Was wird wohl passieren?

Bild 26: Es regnet.
Wenn es stark regnet, sagt man auch „Es regnet Bindfäden". Warum sagt man das wohl?

Bild 27: Es hat geregnet.
Wie fühlen sich der Junge und der Hund nun? Was werden sie als nächstes tun, um wieder trocken zu werden?

Zeitformen bilden mit weiteren Verben:
schütten, gießen, nass werden, abtrocknen

Bild 28: Das Mädchen wird die Wand anmalen.
Was könnte als nächstes passieren? Warum schaut die Katze so verunsichert?

Bild 29: Das Mädchen malt die Wand an.
Warum lächelt die Katze?

Bild 30: Das Mädchen hat die Wand angemalt.
Warum schaut der Mann so erschrocken? Denkt er vielleicht, dass die Katze malen kann? Wo ist das Mädchen?
Was passiert als nächstes?

Zeitformen bilden mit weiteren Verben:
beschmieren, verzieren, verschönern, zeichnen